Chuck Norris
ha aperto quella porta

CHUCK NORRIS
HA APERTO QUELLA PORTA

e altri 500 nuovi fatti ispirati al Ranger più famoso del mondo

A cura di
MIST & DIETNAM

TEA

Chuck Norris ha aperto quella porta
TEA LoL - *laughing out loud,* 1

TEA - Tascabili degli Editori Associati S.p.A., Milano
www.tealibri.it

Prima edizione TEA LoL maggio 2008

INTRODUZIONE

Ci risiamo. Ci siete cascati di nuovo. Avete comprato un altro libro su Chuck Norris. Errare è umano, okay, ma perseverare è diabolico (e infierire è Chuck Norris, ma questo è un altro discorso). Non vi sentite minimamente in colpa?

No, dico, guardatevi attorno: potevate scegliere tra l'ultima fatica di Bruno Vespa, *I love shopping with il primo che passa* e la guida enogastronomica della Kamchatka sudorientale, e avete scelto ancora una volta noi?

Be', bravi, avete fatto bene. Perchè *Chuck Norris ha aperto quella porta* fa ridere. Molto ridere. Più del suo predecessore, forse. Ed è tutta opera nostra e vostra, stavolta: non ringrazieremo mai abbastanza gli amici a stelle e strisce per aver ideato il fenomeno dei fact di Chuck Norris, ma giunti a questo punto possiamo affermare senza timore di smentita alcuno che i *facter* italiani hanno non soltanto raggiunto i maestri, ma li hanno anche superati con gran disinvoltura.

Breve riassunto delle puntate precedenti per quei tre o quattro che non avessero acquistato o letto *I fermenti lattici dello yogurt di Chuck Norris sono tutti morti*: c'è Chuck Norris che fa un sacco di cose spettacolari, e noi ne parliamo. Tutto qui. Semplicissimo. Talmente semplice da essere diventato nel giro di pochi mesi il più grande fenomeno comico della storia della Rete.

Potremmo stare qui a parlarvi dei quasi quattro milioni di visitatori singoli del nostro sito, welovechucknorris.it, ma a nessuno piacciono le sviolinate. Preferiamo piuttosto evidenziare come i fact, nel corso dei mesi, siano arrivati veramente ovunque: *Lo Zoo di 105*, forse la trasmissione radiofonica più popolare d'Italia, li legge in onda da oltre due anni e il passaggio di *Walker Texas Ranger* da Rete 4 a Italia 1 al posto di un serial di culto come *O.C.* non ci sembra affatto una coincidenza.

Chuck Norris stesso si trova ormai perfettamente a suo agio nei panni creati su misura per lui dai *facter*, al punto da diventare testimonial di una nota bibita in uno spot americano. E cosa mai farà il vecchio Chuck in questo spot? Si presenta sotto casa di due ragazzi che hanno creato un sito di culto su di lui. Questi dapprima non credono ai loro occhi, ma quando si rendono conto del pericolo imminente se la danno a gambe. Ovviamente Chuck Norris li raggiunge, li seppellisce di calci rotanti e crea un sito in cui sbeffeggia la coppia.

Da quando lo abbiamo visto, non abbiamo più chiuso occhio.

MIST & DIETNAM

VITA

Ovvero, la quotidianità di Chuck Norris.
Cosa fa, con chi, quando e perché.
Una persona come tante altre, no?

No.

501.* Chuck Norris un giorno ha stupito tutti bevendo cinquanta bottiglie di birra di fila. Senza neanche stapparle.

502. A volte Chuck Norris soffre di sdoppiamento di personalità. Una cattiva e un'altra cattivissima.

503. Tra i giovani va di moda appendere al cellulare un pupazzetto di Winnie the Pooh. Chuck Norris ha appeso al suo cellulare un orso bruno di 315 chili. Vivo.

504. Mentre tutti i bambini giocavano al telefono senza fili, Chuck Norris giocava già a Internet wi-fi.

* I primi cinquecento fact li trovate in *I fermenti lattici dello yogurt di Chuck Norris sono tutti morti.*

505. La Federazione Internazionale dell'Automobile ha deciso di squalificare sia la Ferrari che la McLaren per evidenti irregolarità. Entrambe, infatti, hanno copiato il progetto della loro vettura dal pick-up di Chuck Norris.

506. Sul volto della sfinge non manca il naso, manca Chuck Norris.

507. All'ultima cerimonia degli MTV Movie Awards, Chuck Norris ha vinto il premio per « Best Kiss » dandosi un bacio sul bicipite.

508. Una volta, mentre passeggiava, Chuck Norris ha trovato una Delorean aperta con le chiavi nel cruscotto. L'ha provata, ma alla velocità di 88 miglia orarie è finito nel futuro, dove ha acquistato un almanacco sportivo dei suoi tempi. Tornato nel presente ha cominciato a fare scommesse azzecando tutti i risultati e diventando ricchissimo. Senza mai aver aperto l'almanacco.

509. Secondo Celentano, in un pugno c'è una carezza. Secondo Chuck Norris, in un pugno c'è soltanto un altro pugno.

510. Negli anni Settanta, Chuck Norris era un grande appassionato di musica anni Ottanta.

511. Rocky Balboa ha sconfitto Ivan Drago dopo essersi allenato per mesi correndo su e giù per le scale. Chuck Norris ha battuto Rocky Balboa dopo essersi allenato per un giorno andando su e giù con l'ascensore.

512. Chuck Norris sa qual è l'esatto valore del pi greco, semplicemente perché lo ha stabilito lui. A occhio nudo.

513. Giacomo Leopardi ha scritto *A Silvia*. Silvia, a sua volta, ha scritto *A Chuck Norris*.

514. Spesso le prostitute si organizzano il sabato sera per fare il Chuck Norris tour.

515. Durante la festa di Halloween, i vampiri indossano sempre dentiere da Chuck Norris.

516. Chuck Norris ha vinto i campionati mondiali di poker senza neanche presentarsi alla finale. La giuria ha infatti ritenuto il suo gesto un ottimo bluff, facendolo vincere a tavolino.

517. Chuck Norris non ha il pelo sullo stomaco. Ha un'altra barba.

518. Le tartarughe più prestanti si allenano duramente per far assomigliare il loro guscio all'addome di Chuck Norris.

519. Chuck Norris ha una piantagione di grane.

520. È uscito un videogioco sulle imprese di Chuck Norris. Gira voce che esista un cheat per togliere l'invincibilità e le vite infinite.

521. Chuck Norris può perdere la verginità altrui.

522. L'osso sacro di Chuck Norris da anni è meta di pellegrinaggio di milioni di fedeli.

523. Tempo fa, per stabilire la vera età di Chuck Norris, eminenti scienziati hanno fatto la prova del carbonio 14 su un pelo della sua barba. Il test è risultato inconcludente. In compenso, ora si sa quanti anni ha il carbonio 14.

524. Il cerchio perfetto di Giotto è comunque meno perfetto di quello di Chuck Norris.

525. In contemporanea al Vaffanculo Day italiano di Beppe Grillo, si terrà un Vaffanculo Day texano organizzato da Chuck Norris, che radunerà milioni di persone provenienti da tutto il mondo soltanto per il gusto di mandarle affanculo.

526. I cd di heavy metal di Chuck Norris sono fatti di piombo puro al 100 per cento e pesano 3 tonnellate l'uno.

527. Una volta Chuck Norris è riuscito a vendere un quadro falso spacciandolo per un Van Gogh. Il dipinto ritraeva Chuck Norris alla guida del suo pick-up in autostrada.

528. Chuck Norris ha trovato un ricchissimo tesoro scavando sotto la X della sua X-box.

529. Subito dopo aver incrociato Chuck Norris a un party per VIP, Ligabue ha scritto il brano *Il giorno di dolore che uno ha.*

530. In una discussione con Chuck Norris ci sono soltanto due modi per avere ragione. Il primo è non dargli torto. Il secondo è dargli ragione.

531. Agli ultimi campionati mondiali di atletica leggera i commissari hanno erroneamente indicato a Chuck Norris la pedana del salto con l'asta al posto di quella del salto in alto. Ora il nuovo record mondiale di salto in alto è di 6,23 metri.

532. Se Chuck Norris si tira la zappa sui piedi, lo fa per coltivarne le piante.

533. Durante le riprese del film *Kramer contro Kramer*, Chuck Norris ha vinto un milione di dollari scommettendo su Kramer.

534. Chuck Norris stava per l'ennesima volta contando fino a infinito quando è stato interrotto. Da allora i numeri finiscono a 17254477726563465849943585875734748455-00.

535. Quando Chuck Norris andava a scuola i professori gli chiedevano il permesso per andare in bagno. E lui non glielo dava.

536. Se una donna intravede Chuck Norris con la coda dell'occhio, questa inizia a scodinzolare.

537. Il navigatore satellitare del pick-up di Chuck Norris segnala la posizione anche di porcini e tartufi.

538. Chuck Norris può riprendere un coito interrotto da altri.

539. Daniel Myrick ed Eduardo Sánchez hanno girato l'horror del secolo scorso, riprendendo un gruppo di ragazzi che correva per un bosco di notte in *The Blair Witch Project*. Chuck Norris ha realizzato l'horror del millennio, riprendendo se stesso mentre esce di casa la mattina.

540. In Texas scegliere una partenza intelligente significa starsene a casa quando Chuck Norris va in vacanza.

541. Il pick-up di Chuck Norris ha recitato nel film *Transformers*.

542. Chuck Norris si fa la doccia con ragazze acqua e sapone.

543. Gli esperti di traffico indicano con il bollino rosso le situazioni critiche, con il bollino nero le situazioni quasi disperate e con il bollino a scacchi le situazioni in cui gira Chuck Norris, incazzato, a bordo del suo pick-up.

544. Chuck Norris non può perdersi in nessun luogo. Se infatti non sa più dove andare può sempre chiedere informazioni a un passante. Dei suoi pantaloni.

545. Chuck Norris non impara mai dai suoi sbagli. Per due motivi. Il primo è che non sbaglia mai. Il secondo è che sa già tutto.

546. Chuck Norris è talmente famoso che i suoi fan hanno a loro volta dei fan.

547. A Chuck Norris piace fare l'amore sul cofano del suo pick-up. Lanciato ad alta velocità e con nessuno al volante.

548. Quando uno stupido ascolta una barzelletta, poi ride durante la messa della domenica successiva. Chuck Norris è così intelligente che ride durante la messa della domenica precedente.

549. Il giorno della Befana i bambini mangiano carbone dolce. Chuck Norris mangiava quello vero. Ardente.

550. Chuck Norris abita alla porta accanto a quella delle ragazze della porta accanto.

551. Il cuore di Chuck Norris non è un muscolo involontario. Il cuore di Chuck Norris fa semplicemente il cazzo che gli pare.

552. Chuck Norris può vincere una partita a « Tris » concedendo due segni di vantaggio al suo avversario.

553. Ogni mattina Chuck Norris fa colazione con una tazza di caffè. A volte ci mette dentro anche il caffè.

554. Nelle barzellette in cui ci vogliono dieci uomini per svitare una lampadina, la lampadina è stata prima avvitata da Chuck Norris.

555. La taglia dei pantaloni di Chuck Norris è di un milione di dollari.

556. Quando Chuck Norris non vuole essere disturbato, spegne il telefono. Degli altri.

557. Chuck Norris ha le tempie maledette.

558. Quando le farfalle sono tese, sentono Chuck Norris nello stomaco.

559. Ernst Gräfenberg ha scoperto la posizione del punto G nella donna. Tutti gli altri punti, dal punto A al punto Z, li conosce soltanto Chuck Norris.

560. Chuck Norris ha battuto Stoner guidando due Ducati. Fiat. Contemporaneamente.

561. Deluso dal concerto di Woodstock, Chuck Norris se ne andò sbattendo i Doors in faccia agli organizzatori.

562. Alle ultime Olimpiadi Chuck Norris ha trascinato alla vittoria la squadra americana di staffetta 4x400 semplicemente legandosi gli altri tre corridori alla vita e correndo per 1600 metri.

563. Chuck Norris può far uscire una ragazza dal giro della prostituzione semplicemente sputtanandola.

564. Chuck Norris una volta ha perso un treno. Nessuno l'ha più trovato.

565. I giapponesi all'estero girano sempre con la macchina fotografica in mano nell'eventualità di incontrare Chuck Norris.

566. Le bussole non indicano il nord. Indicano la direzione opposta a quella dove si trova Chuck Norris.

567. Il mondo è a bocca aperta di fronte alle evoluzioni dei *Transformers,* che da automobili sono in grado di trasformarsi in robot devastanti. Il pick-up di Chuck Norris è talmente spettacolare che può trasformarsi semplicemente nel pick-up di Chuck Norris.

568. Quando i leoni vogliono esaltarsi, guardano *Un mercoledì da Chuck Norris*.

569. Chuck Norris ha ottenuto la laurea in psicologia semplicemente facendosi un esame di coscienza.

570. Chuck Norris può raggiungere i 100 chilometri all'ora correndo sul posto.

571. Chuck Norris è stato eletto ambasciatore dell'UNICEF semplicemente facendo l'amore nella posizione del missionario.

572. Quando una cimice vuole spiare un suo nemico, gli nasconde Chuck Norris sotto il tavolo.

573. Se Chuck Norris fa un buco nell'acqua, è soltanto per poterci giocare a golf.

574. Ogni volta che starnutisci, nel mondo qualcuno sta facendo l'amore. Ogni volta che mangi, nel mondo qualcuno sta facendo l'amore. Ogni volta che dormi, nel mondo qualcuno sta facendo l'amore. Quel qualcuno è sempre Chuck Norris.

575. Se giocando a poker il piatto piange, è perché è stato appena maltrattato da Chuck Norris.

576. Ogni volta che Chuck Norris spara con la sua pistola da qualche parte nel mondo parte una gara dei 100 metri piani.

577. Sulla scrivania del suo ufficio Chuck Norris ha un mappamondo in scala 1:1.

578. Chuck Norris è bilingue. Nel senso che ha due lingue.

579. James Bond indossava lo smoking sotto la muta da sub. Chuck Norris indossa un'armatura medievale sotto la camicia a scacchi. E nessuno si accorge di nulla.

580. Quando Chuck Norris si esibisce in un tuffo a bomba, la piscina esplode.

581. Chuck Norris ha vinto la Cinquecento Miglia di Indianapolis col suo pick-up. In spalla.

582. Fu Chuck Norris a piantare la bandiera americana sulla Luna. Dalla Terra, mentre partecipava a una gara di lancio del giavellotto.

583. Nei 110 ostacoli, Chuck Norris salta tutti gli ostacoli con un unico salto. Oltre ad arrivare primo, batte ogni volta anche il record di salto in lungo.

584. D'estate Chuck Norris prende il sole. A mani nude.

585. Jerry Lee Lewis passò alla storia del rock'n'-roll per aver suonato il suo pianoforte dopo avergli dato fuoco. Chuck Norris ha oscurato la sua fama facendo lo stesso con un'armonica.

586. Ubi Chuck Norris, maior cessat.

587. Chuck Norris ha vinto l'Oscar come miglior regista di film a luci rosse di tutti i tempi semplicemente mangiando una banana. Nello stesso tempo la sua barba ha vinto quello di migliore attrice protagonista e miglior nuova promessa del cinema porno.

588. Durante l'ultimo Halloween, Chuck Norris si è travestito da Chuck Norris. Nessuno l'ha riconosciuto.

589. Uno scherzo che Chuck Norris fa sempre è quello di arrivare alle spalle dei malviventi e intimare: « Fermo, sei in arresto! » Poi non li arresta, li lascia lì e va via. Nel mondo ci sono milioni di persone atterrite, immobili da anni, in attesa che vengano messe loro le manette.

590. Un giorno qualcuno ha detto a Chuck Norris: «Il tempo è denaro». Da quel giorno Chuck Norris può pagare con i fazzoletti di carta.

591. La bandiera di arrivo nei Gran Premi di Formula 1 è a scacchi, perché a tagliare il traguardo per primo è sempre Chuck Norris.

592. Il salone di Chuck Norris ha il parquet in fighe di legno.

593. I feti si nutrono tramite il cordone ombelicale. Chuck Norris, nel ventre materno, pranzava da Kentucky Fried Chicken.

594. Tutti credono che il livello più alto dei pugnometri dei luna park sia «Superman». In realtà, sospeso nel vuoto a 100 metri d'altezza, c'è il livello Chuck Norris.

595. Agli eventi veramente importanti Giorgio Armani partecipa indossando abiti creati da Chuck Norris.

596. Quando Chuck Norris va in edicola a prendere *Diabolik,* questi esce immediatamente con le mani alzate.

597. Nei campionati di nuoto delle rane, lo stile più popolare è lo stile Chuck Norris.

598. Chuck Norris può vedere il retro di un film semplicemente girandolo.

599. Secondo un articolo apparso di recente sul *National Geographic,* il rituale di corteggiamento delle farfalle comincia quando il maschio chiede alla femmina se vuole salire da lui a vedere la sua collezione di foto di Chuck Norris.

600. Durante le riprese di *Walker Texas Ranger,* Chuck Norris faceva da controfigura alla sua controfigura nelle scene più pericolose.

601. Quando George Washington era ancora vivo, sui dollari c'era già la faccia di Chuck Norris.

602. Sulle finestre di casa Chuck Norris ha delle persiane. Vive e arrotolate.

603. Nella famosa scena dell'accavallamento in *Basic Instinct,* in mezzo alle gambe di Sharon Stone c'è Chuck Norris.

604. Una volta, a Las Vegas, Chuck Norris ha puntato la ragazza più carina del locale dove si trovava. Ne ha vinte altre 36.

605. Alcuni credono di poter cambiare il proprio futuro. Chuck Norris può cambiare il suo passato.

606. Thomas Alva Edison ha inventato la lampadina. Chuck Norris ha inventato la luce.

607. Agli ultimi mondiali di atletica, Chuck Norris ha vinto i 100 metri piani arrivando al traguardo dopo 10 ore, camminando e sorseggiando una birra. Ora il record mondiale dei 100 metri piani è 10 ore. E nessuno ha un cazzo da ridire.

608. Mosè è riuscito a dividere le acque. Chuck Norris le ha messe in un'equazione a cinque incognite.

609. Se durante una partita a carte Chuck Norris dice: « Scopa! », tutti i giocatori iniziano immediatamente a copulare tra loro.

610. Un giorno, in visita a Milano, Chuck Norris ha preteso una stanza con vista sul mare. Gliel'hanno data.

611. La luna che si vede nel cielo è il riflesso di quella custodita nel pozzo di Chuck Norris.

612. I maestri di arti marziali ti insegnano che esiste sempre qualcuno più forte di te. Quel qualcuno è Chuck Norris.

613. Durante la Guerra Fredda, il presidente degli Stati Uniti aveva un telefono rosso per comunicare col presidente russo in caso di crisi. E uno a scacchi per chiedere a Chuck Norris se le birre che gli aveva mandato erano fresche abbastanza.

614. Quando Chuck Norris sbaglia a comporre un numero, chi cerca è sempre e comunque dall'altra parte della cornetta a rispondere, anche se preme tutti i numeri a caso. Chuck Norris non sbaglia mai.

615. Una volta, mentre rimetteva il Risiko nella scatola, a Chuck Norris è caduta una bandierina per terra. Ora il mondo è suo.

616. Nel film *Spiderman 3* la sostanza aliena nera che controlla il costume dell'Uomo Ragno viene a sua volta sopraffatta da una sostanza a scacchi che ne centuplica la potenza, e Peter Parker diventa Chuck Norris.

617. L'appartamento con vista di Chuck Norris ci vede davvero.

618. Quando ha saputo che nel mondo un bambino su quattro è cinese, Chuck Norris si è dato da fare. Ora gli altri tre sono texani.

619. Quando Chuck Norris lavorava al circo come Uomo Cannone non veniva sparato verso l'alto. Era il cannone.

620. Secondo la Legge di Murphy se qualcosa può andar male lo farà. Secondo la Legge di Chuck Norris se qualcosa può andar male sarà Chuck Norris a farla andar male.

621. Molti, da piccoli, dormivano con un animaletto di pelouche nel letto. Chuck Norris dormiva con una coniglietta. Di *Playboy*.

622. Quando Chuck Norris parcheggia il pick-up davanti a un'abitazione munita di passo carrabile, il carro attrezzi porta via la casa.

623. Quando riceve un volantino pubblicitario con scritto: « Complimenti, lei ha vinto un milione di dollari! Gratti qui! », Chuck Norris gratta e trova veramente un milione di dollari. In banconote da cento.

624. Chuck Norris era l'unica amazzone uomo.

625. Il robot da cucina di Chuck Norris è Daitarn 3.

626. Molti si interrogano sull'esistenza dell'Area 51. In pochi sanno, però, che Chuck Norris nasconde le Aree dalla 1 alla 50 sotto casa sua.

627. L'universo è in espansione perché sta tentando di fuggire da Chuck Norris.

628. Un giorno Chuck Norris ha partecipato come guest star a una puntata di *Desperate Housewives*. Da quel giorno la serie è stata rinominata *Satisfied Housewives*.

629. Quando Chuck Norris fa offerte su eBay, sono più basse del prezzo di partenza.

630. L'ozio è il padre dei vizi. Chuck Norris è il padre dell'ozio.

631. Chuck Norris mangia l'ananas con la buccia.

632. Una recente statistica ha riportato che un terzo delle famiglie italiane non ce la fa ad arrivare a fine mese. A causa di Chuck Norris.

633. Alla base della vita umana c'è il carbonio. Alla base di Chuck Norris c'è Chuck Norris.

634. Chuck Norris ha scalato l'Etna. Dall'interno.

635. Una volta Chuck Norris, trovandosi di fronte un orso, si è finto morto. L'orso, davanti alla prospettiva di vivere in un mondo senza Chuck Norris, si è gettato da un dirupo.

636. Chuck Norris ha un tribale tatuato sulla spalla. Si tratta di un grosso omaccione di colore. Vivo. Con tanto di tamburo e perizoma di pelle.

637. Quando Chuck Norris aziona le quattro frecce del suo pick-up non è per indicare che sta per fermarsi, ma per segnalare che sta per svoltare in quattro direzioni diverse.

638. Ai tempi del liceo le compagne di scuola di Chuck Norris facevano dei buchi nelle porte dei loro bagni perché lui le potesse spiare.

639. Chuck Norris può distrarre Coccolino concentrato.

640. Chuck Norris ha i piedi prensili. Dalla parte del tallone.

641. I miti del rock'n'roll esaltano le folle con le loro esibizioni alla chitarra elettrica. Chuck Norris ha una chitarra nucleare.

642. Quando Chuck Norris maneggia della colla, questa non attacca più. Pensa solo a difendersi.

643. Chuck Norris ha sconfitto il mal di testa prendendo a testate un muro. Nello stesso tempo ha sconfitto anche il muro.

644. I migliori tuffatori del mondo sono in grado di eseguire tuffi in avvitamento, ma soltanto Chuck Norris può eseguire lo svitamento decollando dall'acqua verso il trampolino e girando vorticosamente su se stesso.

645. Chuck Norris ha partecipato alla gara di salto in lungo a Sydney 2000. Ha vinto la medaglia d'oro atterrando quattro anni dopo ad Atene 2004.

646. Una volta Chuck Norris ha elaborato un piano. È diventato subito il pianoforte più veloce di tutto il Texas.

647. Chuck Norris ha sempre la coscienza pulita. Perché non la usa mai.

648. Tempo fa Chuck Norris comprò al supermercato un portasapone con su scritto: «Put your favourite soap inside me». Da allora l'intero cast di *Beautiful* si trova dentro quel portasapone.

649. Per l'addio al celibato di un conoscente Chuck Norris gli ha fatto trovare una spogliarellista dentro una torta. Una millefoglie.

650. Il filo interdentale usato da Chuck Norris è spinato.

651. Peter Parker si è trasformato in Spiderman dopo essere stato morso da un ragno radioattivo. Il ragno radioattivo, a sua volta, era stato morso da Chuck Norris.

652. I pollici di Chuck Norris non sono opponibili. Nessuno osa opporsi a Chuck Norris.

653. Giocando a scacchi Chuck Norris ha mosso la regina in A3. Contemporaneamente, l'ANAS trovava Elisabetta II d'Inghilterra sulla Salerno-Reggio Calabria.

654. Quando un turista con una macchina fotografica gli ha chiesto di fargli uno scatto, Chuck Norris ha stabilito subito il nuovo record dei 100 metri piani.

655. Chuck Norris ha vinto l'Oscar come miglior attore non protagonista all'ultima edizione degli Academy Awards semplicemente non prendendo parte ad alcun film.

656. Chuck Norris è riuscito a evadere da Alcatraz nascondendosi in una lettera indirizzata a casa sua.

657. Nella lista delle cose più ricche di calcio Chuck Norris è al primo posto, prima del Parmigiano Reggiano.

658. Nella versione originale dell'Antico Testamento c'era scritto: « Lascio tutto a Chuck Norris ».

659. Alle ditte produttrici di Viagra, arriva lo spam di Chuck Norris.

660. Quando fa footing Chuck Norris indossa un paio di puma. Vivi.

661. Chuck Norris può applaudire sbattendo le palpebre.

662. In una gara di dragster Chuck Norris ha vinto la semifinale scattando da 0 a 100 km/h in 2 secondi netti. Avendo gli stivali un po' consumati, per la finale ha preferito usare un dragster anche lui.

663. Chuck Norris ha vinto la maratona di New York correndo, per scommessa, con cinquanta litri di acqua in mano. Senza recipiente.

664. Quando Chuck Norris stampa in formato A4, dalla stampante esce fuori un'Audi fiammante.

665. Quando i R.E.M. si addormentano, entrano nella fase di sonno Chuck Norris.

666. Mentre Chuck Norris passava con la sua nave davanti all'isola delle Sirene, queste si legarono agli alberi per resistere al richiamo del suo canto.

667. Chuck Norris ha vinto la Parigi-Dakar gareggiando col suo pick-up. Il pick-up è arrivato secondo.

668. Tutti i corsari navigavano a bordo di vascelli pirata perché l'originale lo aveva Chuck Norris.

669. La cintura di sicurezza del pick-up di Chuck Norris è cintura nera di karate.

670. La versione originale di *La ricerca della felicità* prevedeva Chuck Norris nel ruolo di protagonista al posto di Will Smith. La trama consisteva in Chuck Norris che affermava: « Trovata », dopo aver preso a calci rotanti un paio di comparse, aver aperto una birra gelata ed essersi steso in poltrona a guardare il football. Il progetto naufragò per cause ignote.

671. Nel 2003 il governo di Pechino decise di creare una task force per pensare a una risposta cinese a Chuck Norris. Dopo due anni di lavori si arrivò a una conclusione. La risposta è: « Sì ».

672. Alle ultime Olimpiadi Chuck Norris ha vinto i 100 metri piani. Il fotofinish lo ritrae sorridente mentre sorpassa il proiettile dello starter.

673. Ai personaggi importanti i sindaci danno le chiavi della città. A Chuck Norris danno il telecomando per l'apertura a distanza.

674. Chuck Norris ha comprato la borsa di Wall Street da un senegalese sotto casa.

675. Un giorno, con una motosega appena acquistata, Chuck Norris è riuscito ad abbattere cento sequoie in un'ora. Poi, per accertarsi che non l'avessero fregato, l'ha accesa.

676. Il pick-up di Chuck Norris in realtà è il modellino in scala 1:18 del suo vero pick-up.

677. Per evitare indagini sul caso McLaren, Chuck Norris ha insabbiato le prove. Ora le qualifiche di Formula 1 si tengono sotto le dune del Sahara.

678. Appeso immobile alla ringhiera del balcone di Chuck Norris non c'è uno stupido pupazzo, c'è il vero Babbo Natale.

679. Jim Morrison aveva un diario pieno di frasi di Chuck Norris.

680. Chuck Norris ha lavorato come capo negoziatore dell'FBI. Il suo lavoro consisteva nel chiamare al telefono il sequestratore e dire: « Pronto, sono Chuck Norris ».

681. La Guerra d'Indipendenza americana è stata vinta dai nordisti soltanto perché Chuck Norris voleva una spalla di colore nel suo telefilm.

682. Ogni squillo del cellulare di Chuck Norris ha il suo protettore personale.

683. Chuck Norris usa il Viagra come calmante.

684. Quando gioca a pallavolo Chuck Norris ha cinque tacche di ricezione.

685. Per i casi difficili Batman si è fatto installare un faro sopra la bat-caverna per chiamare Chuck Norris.

686. Una volta Chuck Norris ha cercato « sesso » su Google e l'ha ottenuto.

687. Chuck Norris può far eccitare un'appassionata di enigmistica semplicemente risolvendole il 69 orizzontale.

688. Quando Chuck Norris lava il suo pick-up, il giorno dopo non soltanto non piove, ma inizia un periodo di siccità che può durare anni.

689. Quando Chuck Norris guarda un film porno, tutto il cast soffre di ansia da prestazione.

690. Il Diavolo veste Prada, ma sotto ha una camicia a scacchi di Chuck Norris.

691. Chuck Norris detiene il record del mondo di lancio del martello, ottenuto piantando un chiodo nello steccato del suo ranch texano. Mentre si trovava in vacanza in Florida.

692. Quando Chuck Norris va a pesca, non tira mai su copertoni malandati, tira su delle Ferrari Enzo con le chiavi inserite nel quadro.

693. Oltre a misurare il tempo in primi e secondi, Chuck Norris può farlo anche in contorni e dessert.

694. Il 12 luglio 1976 Chuck Norris ha perso il portafoglio in una piazza. È ancora lì.

695. Chuck Norris è talmente intelligente che non ha un quoziente intellettivo, ne ha due.

696. Quando si reca in Francia per affari, Chuck Norris tiene i suoi documenti riservati nella ventiquattrore di Le Mans.

697. Il sergente istruttore del sergente istruttore di *Full Metal Jacket* era Chuck Norris.

698. Quando vuole filmare un'esecuzione capitale, Chuck Norris usa una telecamera a gas.

699. Chuck Norris ha scalato l'Everest allagando il Tibet e arrivando in vetta con un canotto.

700. Chuck Norris ha canini, molari, incisivi, 43 zanne da squalo, 2 tenaglie e le trappole di ferro di *Prince of Persia*.

701. Chuck Norris può battere un presepe al gioco delle « belle statuine ».

702. Un giorno, facendo un buio a poker, Chuck Norris ha oscurato l'intero Stato del Texas per un mese.

703. Quando sono in estrema urgenza le ambulanze non mettono la sirena, ma la sigla di *Walker Texas Ranger*.

704. Quando Chuck Norris ha bisogno di carta igienica, il mondo va a rotoli.

705. Chuck Norris è appassionato di modellismo. Nel senso che tiene in casa una collezione di modelle.

706. Chuck Norris abita in via del tutto eccezionale.

707. È stata recentemente aggiunta la cinquantunesima stella alla bandiera americana. È la stella da ranger di Chuck Norris.

708. Chuck Norris non ha peli e capelli. Ha soltanto barba in tutto il corpo.

709. Chuck Norris può provocare un orgasmo a una bambola gonfiabile.

710. Le persone rapite spesso soffrono della sindrome di Stoccolma. L'intera città di Stoccolma soffre della sindrome di Chuck Norris.

711. Chuck Norris può far cadere un governo semplicemente mettendo una buccia di banana fuori dalla sede del parlamento.

712. Certa gente può scrivere il proprio nome urinando sulla neve. Chuck Norris una volta ha disegnato una Gioconda. Quella Gioconda ora è esposta al Louvre e nessuno si è accorto di niente.

713. In genere le auto hanno i freni a disco. Il pick-up di Chuck Norris li ha in formato mp3.

714. Chuck Norris può fare sesso per sette ore di fila. All'ufficio postale.

715. Chuck Norris può programmare il canto di un gallo.

716. Chuck Norris è talmente duro che come collirio usa un pompelmo.

717. Chuck Norris può girare uno spaghetti western con una forchetta.

MORTE

Altrui, naturalmente.
E possibilmente in modo molto, molto violento.

718. Quando Jigsaw di *Saw. L'enigmista* ha chiesto a Chuck Norris « Vivere o morire? Fai la tua scelta », Chuck Norris ha scelto senza esitazioni « morire », decapitandolo con un calcio rotante.

719. Il quarto episodio della saga di *Mission: Impossible* è incentrato su Chuck Norris che tenta di trascorrere cinque minuti senza uccidere nessuno. Invano.

720. Chuck Norris, al posto del sale, condisce il cibo con le lacrime delle sue vittime.

721. Chuck Norris ha concesso tre desideri al genio della lampada. Il genio ha chiesto pietà per la sua vita. Tre volte.

722. Nelle loro località di villeggiatura, gli squali vivono col terrore di vedere sbucare in acqua da un momento all'altro il cappello da texano di Chuck Norris e la sua barba.

723. Le sonde Voyager 1 e 2 spedite nello spazio in realtà contengono tutti gli episodi di *Walker Texas Ranger*. La decisione fu presa dalla NASA per scoraggiare ogni eventuale invasione aliena.

724. Il battito d'ali di una farfalla può scatenare un uragano dall'altra parte del mondo. Chuck Norris ha distrutto diversi sistemi planetari e qualche galassia semplicemente sbattendo le palpebre.

725. Ogni guerra viene definita da chi ne è coinvolto « la madre di tutte le guerre ». Il padre è Chuck Norris.

726. Alle superiori i ragazzi, per evitare le interrogazioni, fanno telefonate minatorie a scuola minacciando una bomba nell'edificio. Chuck Norris faceva direttamente esplodere la scuola.

727. Un giorno Chuck Norris investì una vecchietta col suo pick-up, esclamando: « Cento punti! » Pochi minuti dopo, gli vennero accreditati sulla patente.

728. Se Chuck Norris si fa in quattro per te, lo fa alla lettera. Chuck Norris è in grado di dividersi in quattro copie uguali di se stesso, e tutte e quattro sono letali e spietate.

729. Chuck Norris può impiccarti usando una tua corda vocale.

730. Una leggenda metropolitana texana vuole che un giorno un tizio denunciò Chuck Norris per aggressione. In tribunale il tizio si presentò con il suo legale. Il medico.

731. Un giorno, da piccolo, Chuck Norris precipitò in un pozzo. Da allora, nessuno ha più notizie di quel pozzo.

732. I più abili comici possono far piegare dal ridere la gente. Chuck Norris può accartocciarla. E senza neanche farla ridere.

733. Sul suo pc Chuck Norris non ha lo screensaver. Ha lo screenkiller.

734. Chuck Norris può annegarti semplicemente dicendoti: « Acqua in bocca ».

735. Quando si verifica un omicidio, Chuck Norris esige un rapporto completo sulla sua scrivania entro sera. Entro sera arriva la sua segretaria a soddisfarlo, sulla scrivania.

736. Chuck Norris può cogliere i propri nemici di sorpresa anche avvisandoli in anticipo.

737. Se Chuck Norris combatte contro i mulini a vento, può sconfiggerli.

738. Quando Chuck Norris scatta una foto a un suo nemico, costui non viene mai con gli occhi rossi. Viene sempre con gli occhi neri.

739. Quando Chuck Norris gioca a Pac-Man, i fantasmini non lo inseguono. Scappano terrorizzati.

740. Durante una serata di karaoke con alcuni amici, Chuck Norris ha voluto portare il suo cavallo di battaglia. L'animale, un arabo pezzato di ottocento chili di peso, ha calpestato e ucciso una decina di avventori. Dopodiché Chuck Norris ha eseguito alla perfezione *Quello che le donne non dicono* con la voce della Mannoia tra gli applausi dei sopravvissuti.

741. Chuck Norris può uccidere i suoi nemici con la pistola a infrarossi del Nintendo 8 bit sparando comodamente da casa quando li vede alla TV.

742. Una notte Chuck Norris uscì da un locale così ubriaco che ci vedeva doppio. Importunato da un malvivente, lo uccise due volte.

743. Le balene nuotano a bocca aperta per catturare il plancton. Chuck Norris nuota a bocca aperta per catturare le balene.

744. Chuck Norris ha vinto un premio di giardinaggio ammazzando di botte i giudici e riducendoli a vegetali tra gli applausi.

745. Prendendo alla lettera l'invito di alcuni hippy, un giorno Chuck Norris mise dei fiori nella canna del suo fucile. Uccise comunque venti nemici con una raffica di begonie.

746. Chuck Norris ha ucciso un leone e uno squalo con una sola pallottola. Il leone era in Africa e lo squalo in Australia. E Chuck Norris a casa sua in Texas. Disarmato.

747. Quando Chuck Norris toglie la spoletta a una granata e la getta via, la spoletta uccide più nemici della granata stessa.

748. Una volta hanno chiesto a Chuck Norris se gradiva mettere qualcosa nelle scatole dei ricordi da sotterrare, per ricordarsi delle persone care vent'anni dopo, al momento del dissotterramento. Chuck Norris ha inserito direttamente le persone care.

749. Secondo un famoso modo di dire, chi non muore si rivede. Chi non si rivede è stato ucciso da Chuck Norris.

750. Durante il suo ultimo check-up, Chuck Norris scoppiava di salute. Dodici medici e otto infermiere sono morti, nell'esplosione.

751. Un giorno un tale disse a Chuck Norris: « Conta pure su di me ». Ora quel tale fa bella mostra in casa di Chuck Norris. Come pallottoliere.

752. Chuck Norris è talmente veloce che quando spara a un nemico lo ha già ucciso con un calcio rotante. Il giorno prima.

753. Un giorno un boss mafioso disse a Chuck Norris e ad altri cinque malviventi: « Offro un milione di dollari a testa... » Prima ancora che avesse finito di parlare, Chuck Norris guadagnò sei milioni decapitando tutti i presenti.

754. Dopo aver saputo che *Io uccido* di Giorgio Faletti era diventato un best seller, Chuck Norris ha prontamente pubblicato un libro intitolato *Anch'io*. Con una sola pagina. Macchiata di sangue. Ed è subito diventato il più grande successo editoriale della storia.

755. Chuck Norris ne colpisce uno per educarne cento. Poi colpisce anche gli altri novantanove, soltanto per il gusto di colpirli.

756. Tramite la meditazione, Chuck Norris può raggiungere la guerra dei sensi.

757. Il film *Quattro matrimoni e un funerale* prevedeva in origine la presenza di Chuck Norris come protagonista. Il titolo originale infatti era *Cinque funerali*.

758. Se un toro vede rosso, si imbizzarrisce e inizia a prendere a testate chi gli passa a tiro. Se Chuck Norris trova un semaforo rosso, si imbizzarrisce e inizia a prendere a testate le automobili. Distruggendole.

759. Inizialmente, Dio aveva creato l'uomo il quarto giorno. Per sua sfortuna, il quinto giorno Chuck Norris creò il calcio rotante, uccidendo l'uomo e costringendo Dio a crearlo da capo il giorno successivo.

760. Il Jack degli auricolari di Chuck Norris è lo Squartatore.

761. Chuck Norris può farsi aria in una giornata afosa con una sventagliata di mitra.

762. Un giorno, stufo di sentirlo abbaiare di continuo, Chuck Norris ha scaraventato il cane del vicino a una decina di chilometri di distanza con un calcio rotante. Poco dopo, un bastoncino gliel'ha riportato indietro.

763. Quando da giovane andava a pescare, Chuck Norris prendeva i tonni con la retina. Strappata poco prima dagli occhi di un suo nemico.

764. Chuck Norris può uccidere un piccolo indiano con una frecciatina.

765. Un giorno un leone attaccò Chuck Norris con l'intento di mangiarlo. Chuck Norris lo guardò e ruggì. Il leone, per la paura, preferì mangiare se stesso.

766. Chuck Norris dorme con un calcio rotante sotto al cuscino.

767. Catturato da un gruppo di fanatici religiosi, Chuck Norris è stato sottoposto alla ruota della tortura. Prima di ucciderli tutti, ha comprato una vocale e ha vinto cinque milioni di dollari.

768. Chuck Norris può vincere una guerra lampo uccidendo i nemici con una cerniera.

769. Chuck Norris può radere al suolo una città con un rasoio Bic.

770. Una volta Chuck Norris, mentre inseguiva un rapinatore, ha sparato un intero caricatore, uccidendo il ladro. Subito dopo si è accorto di aver dimenticato a casa il resto della pistola.

771. Durante un test di matematica alle scuole superiori, Chuck Norris ha inserito come risultato finale « violenza ». Nell'occasione, ha preso 10 e lode. Chuck Norris può risolvere tutti i problemi con la violenza.

772. La serie horror *Le colline hanno gli occhi*, inizialmente, avrebbe dovuto chiamarsi *Le colline hanno la barba* e avere come protagonista Chuck Norris. Il progetto è naufragato perché considerato « troppo violento » dagli autori.

773. Chuck Norris non usa il cotton fioc. Si spara direttamente nelle orecchie.

774. Il braccio violento della legge è comunque meno violento del braccio tranquillo di Chuck Norris.

775. Al tempo degli antichi romani, i cristiani venivano dati in pasto ai leoni. I leoni più impertinenti, a loro volta, venivano dati in pasto a Chuck Norris.

776. L'obiettivo della macchina fotografica di Chuck Norris è uccidere.

777. Se una persona è stufa di Chuck Norris, significa che Chuck Norris le ha dato fuoco per riscaldarsi.

778. Quando Chuck Norris attacca bottone, non lo fa per provarci con una ragazza. Lo fa per distruggere quel fottuto bottone. Chuck Norris può avere qualsiasi ragazza quando e come vuole.

779. Il film *Ho voglia di te* inizialmente si intitolava *Ho voglia di Chuck Norris*. Il progettò non andò in porto quando la protagonista, morendo dalla voglia di vedere Chuck Norris, morì per davvero.

780. Chuck Norris, una volta, ha fermato un proiettile con i denti. Il proiettile l'aveva sparato lui.

781. Un giorno Chuck Norris incontrò un uomo malato di cuore. In un raro impeto di compassione, decise di aiutarlo: gli strappò l'occhio destro. L'uomo cadde a terra urlando di dolore, mentre Chuck Norris se ne andava fiero e soddisfatto esclamando: « Occhio non vede, cuore non duole ».

782. Chuck Norris può farti un pugno nero colpendoti con l'occhio.

783. Una volta Chuck Norris stava leggendo i fact di Chuck Norris in una trasmissione televisiva quando, all'improvviso, si sferrò un calcio rotante in faccia da solo. Nessuno prende in giro Chuck Norris. Nessuno. Nemmeno Chuck Norris.

784. Se un ragazzo prende una brutta piega, Chuck Norris lo sistema a colpi di ferro da stiro.

785. Un giorno la mamma disse al piccolo Chuck Norris di prendere il golf prima di uscire. Lui si è preso il 2.0 TDI e ha investito la mamma. Nessuno dice a Chuck Norris cosa prendere.

786. Chuck Norris può colpirti talmente forte con un calcio rotante da farti morire di fame per aria.

787. Chuck Norris sa farti un gioco con le carte in cui devi estrarre una carta dal mazzo, portarla a 200 chilometri di distanza, bruciarla, tornare da lui e pensare il nome del primo oggetto che ti viene in mente. A quel punto lui estrae da una tasca l'oggetto che hai pensato con sopra stampata la carta che avevi scelto. Il gioco consiste nel fatto che quando avevi estratto la carta dal mazzo lui ti aveva già ucciso.

788. Quando Chuck Norris incontra un grizzly, il grizzly si finge morto.

789. Durante il suo matrimonio, alla frase del prete « fin che morte non vi separi », Chuck Norris ha colpito la sua sposa con un calcio rotante uccidendola sul colpo.

790. Quando Chuck Norris si arma di pazienza, poi può spararti con la pazienza.

791. Chuck Norris può romperti il setto nasale colpendoti con un calcio rotante sul fondoschiena.

792. In un primo momento il film *300* avrebbe dovuto chiamarsi semplicemente *1* e avere come protagonista Chuck Norris. Il progetto è fallito quando ci si è resi conto che Chuck Norris da solo era comunque troppo per l'esercito persiano e lo scontro sarebbe risultato poco realistico e dall'esito scontato.

793. Chuck Norris ha vinto il titolo mondiale di Mixed Martial Arts sferrando un calcio rotante con un pugno.

794. Chuck Norris è andato dal dentista a farsi un ponte. Il ponte dei morti.

795. Gli specchi retrovisori del pick-up di Chuck Norris hanno soltanto angoli morti.

796. Un giorno Chuck Norris fu invitato a una gara di tiro con l'arco con altri due campioni. Il primo partecipante fece un centro pieno; il secondo centrò la freccia del primo piantata nel bersaglio, spaccandola in due; Chuck Norris vinse semplicemente centrando in pieno entrambi i partecipanti, e rimanendo l'unico concorrente in gara.

797. Chuck Norris riesce a spararti e a ucciderti con un calcio rotante prima che il proiettile ti colpisca.

798. Nonostante alle elementari la maestra di Chuck Norris facesse l'appello tutti i giorni, lui non ha mai rilasciato i suoi famigliari.

799. Quando Chuck Norris attacca la cornetta, il telefono si arrende subito.

800. Durante la festa di compleanno di Chuck Norris un suo amico burlone ha soffiato le candeline prima di lui. Il buontempone ha potuto esprimere il suo ultimo desiderio.

801. Quando Chuck Norris ha voglia di un whisky *on the rocks*, strappa i bulbi oculari al texano dagli occhi di ghiaccio.

802. Se Chuck Norris morde un vampiro, a costui crescono il cappello e la camicia e diventa un ranger texano.

803. Un giorno, mentre era a pranzo dalla suocera, a Chuck Norris fu offerta una torta fatta in casa. Chuck Norris fece i complimenti alla suocera e la mangiò quasi tutta. Quando ne rimase soltanto un pezzettino la moglie gli chiese: « Brava mia mamma a fare le torte, eh? Vuoi finirla? » Chuck Norris rispose di sì, andò in cucina dalla suocera e le diede il colpo di grazia.

804. Il film *A volte ritornano* inizialmente prevedeva Chuck Norris nel ruolo del protagonista, intento a scagliare con violenza i suoi avversari più lontano possibile, per poi riprenderli al volo grazie all'effetto boomerang. Il progetto venne accantonato poiché, grazie alla potenza e alla precisione millimetrica di Chuck Norris, gli avversari tornavano sempre, non solo a volte.

805. Chuck Norris ha colpito con un calcio rotante l'omino di Windows Live Messenger. Ora nel suo pc c'è Windows Dead Messenger.

806. Chuck Norris può vincere un incontro di pugilato tirando soltanto pugni all'aria. Tramortendo l'aria e uccidendo l'avversario per soffocamento.

807. Per la salute dei denti, i dentisti raccomandano di sostituire lo spazzolino ogni tre mesi. E di non rompere il cazzo a Chuck Norris.

808. Durante una partita al Gioco dei Mimi, per far indovinare «Hitler» alla sua squadra, Chuck Norris ha invaso la Polonia.

809. Chuck Norris non riesce a trasmettere le sue conoscenze di arti marziali, perché ogni volta che un suo allievo raggiunge una minima abilità per scontrarsi con lui, muore.

810. Chuck Norris sulla mano non ha la linea della vita, ha la linea della morte.

811. Chuck Norris vinse il suo primo titolo mondiale di pugilato a sei anni, quando al suono della campana del primo giorno di scuola, mise K.O. tutti i suoi compagni.

812. Fraintendendo una nota canzone pop, Chuck Norris ha fatto un giro per i colli bolognesi con Fausto Leali sotto i piedi.

813. Chuck Norris ha abbattuto la colomba della pace con un panettone della guerra.

814. In una prima versione, *Kill Bill* avrebbe dovuto chiamarsi *Kill Chuck Norris*. Il progetto è stato abbandonato quando ci si è resi conto che la sola idea di gente che vaga alla ricerca di Chuck Norris per ucciderlo avrebbe scatenato scene di ilarità collettiva, trasformandolo a tutti gli effetti in un film comico.

815. Chuck Norris ha in programma una reunion dei Beatles. Tutto quello che gli serve è una pistola e due pallottole.

816. È stato Chuck Norris a dire ai suoi genitori che Babbo Natale non esisteva. Non più.

817. Per sorprendere i cattivi in *Walker Texas Ranger*, Chuck Norris può appostarsi fuori dallo schermo.

818. Un giorno Chuck Norris si dimenticò dove aveva messo le chiavi di casa. Al che si torturò da solo fino a rivelarsi l'ubicazione delle stesse.

819. Chuck Norris può provocare una strage in uno stadio durante una partita del Torino facendo esplodere un tifoso granata.

820. Chuck Norris può minacciare un malvivente brandendo il Dalai Lama.

821. Quando una volta la maestra gli ha imposto di fare un capitolo di storia per il giorno dopo, Chuck Norris ha vinto la seconda guerra mondiale.

822. Se Chuck Norris divide due litiganti, ottiene quattro mezzi litiganti.

823. Quando Chuck Norris arriva a un semaforo, la luce rossa diventa bianca per la paura.

824. Chuck Norris per Halloween tiene sempre davanti alla porta di casa una testa umana intagliata a forma di zucca.

825. Il finale del film *Scarface*, in origine, non prevedeva che Tony Montana sparasse con un mitra ai suoi nemici, ma che scagliasse contro di loro Chuck Norris. Sfortunatamente, il regista fu costretto a cambiare la sceneggiatura perché Chuck Norris non soltanto riuscì a sconfiggere tutti i nemici con un unico calcio rotante, ma la potenza dello stesso fu tale da raggiungere il set di *Voglia di tenerezza* e trasformare il film in *Necessità di violenza*.

826. Quando Chuck Norris passa per un metal detector, e questo non emette alcun suono, gli addetti alla sicurezza subito lo muniscono di pistola, cinturone e proiettili.

827. Chuck Norris ha vinto un concorso in cui bisognava indovinare il numero esatto di fagioli contenuti in un enorme barattolo disintegrandolo con un calcio rotante e dichiarando: « Zero fagioli ».

828. Chuck Norris può ucciderti nel sonno. Nel senso che può farlo mentre dorme.

829. La prima regola del Fight Club in realtà era: « Non parlare mai del Fight Club a Chuck Norris ».

830. La Guerra dei Cent'anni è finita quando nel novantanovesimo anno, alle 23.59 e pochi secondi del trecentosessantacinquesimo giorno, Chuck Norris si è arruolato.

831. Se Chuck Norris mette due dita bagnate in una presa, la centrale elettrica esplode.

832. Chuck Norris può pungere mortalmente le meduse semplicemente sfiorandole con la barba.

833. Chuck Norris non sa fare il doppio calcio rotante. Tutti muoiono al primo.

834. Se cerchi di strangolare Chuck Norris, lui è in grado di spezzarti le braccia con il collo.

835. Chuck Norris era uno dei cinque cavalieri dell'Apocalisse. Poi ha deciso di intraprendere la carriera da solista.

836. Chuck Norris s'è costruito una villa in un cimitero per portarsi il lavoro vicino a casa.

837. Il tendine di Achille di Chuck Norris è veramente di Achille.

838. Alle scuole medie, Chuck Norris ha ucciso la sua professoressa di matematica perché gli dava dei problemi.

839. Chuck Norris ha eliminato tutti i dinosauri con un estintore.

840. Dentro l'armadio di ogni bambino c'è un secondo armadio da cui spunta Chuck Norris per spaventare il Mostro nell'Armadio.

841. Durante una partita di rugby un giocatore della squadra avversaria canzonò Chuck Norris, dicendogli: «Questo è rugby, qui non puoi usare i tuoi calci rotanti!» Chuck Norris gli spezzò la spina dorsale con un placcaggio rotante.

842. Chuck Norris ha distrutto l'impero ottomano spezzando quaranta dita

843. Un giorno una donna disse a Chuck Norris che non voleva più vederlo. In tutta risposta, Chuck Norris le strappò gli occhi.

844. L'happy hour, in Texas, è un periodo tra le 19 e le 20 in cui Chuck Norris decide di non prendere nessuno a calci rotanti.

845. Dopo aver visto il film di James Bond *Il domani non muore mai,* Chuck Norris, per sfizio, ha ucciso il domani. Da quel giorno, ogni individuo che si addormenta muore.

846. L'orologio di Chuck Norris segna soltanto un'ora. La tua.

847. Molti critici e artisti sostengono che il rock è morto. È vero. L'ha ucciso Chuck Norris, che notoriamente preferisce il country.

848. Il governo degli Stati Uniti ha offerto la scorta a Chuck Norris pur sapendo che gli uomini verranno tutti uccisi per puro divertimento. In ogni caso l'offerta è valida fino a esaurimento scorte.

849. Marte ha tre satelliti: Deimos (terrore), Phobos (paura) e Chuck Norris (Chuck Norris).

850. Quando Zorro aveva la meglio su un suo avversario, gli scriveva addosso una Z con la spada. Quando Chuck Norris sconfigge un suo nemico, gli scrive addosso « Chuck Norris », sgommandogli sopra col pick-up.

851. A scuola, i bambini scrivono temi su cosa faranno da grandi. I compagni di Chuck Norris scrivevano temi su cosa avrebbero fatto se fossero diventati grandi.

852. Chuck Norris ha una coda di cavallo come portachiavi. È quella di Steven Seagal.

MIRACOLI

Ora è giunto il momento di fare sul serio.
Ecco a voi le imprese ai limiti dell'umano
di Chuck Norris.
Non provateci a casa, bambini.

853. Chuck Norris ha smentito di avere il dono dell'ubiquità a un recente convegno sui poteri extrasensoriali a New York. E contemporaneamente, a una grigliata a casa sua in Texas.

854. Chuck Norris ha dimostrato il principio dei vasi comunicanti. Adesso le piante possono parlare.

855. Chuck Norris può parlare in Times New Roman.

856. I bravi camerieri riescono a togliere la tovaglia lasciando il tavolo apparecchiato. Chuck Norris riesce a toglierla e a rimetterla.

857. Obelix da piccolo cadde nel pentolone contenente la pozione magica e divenne fortissimo. Anche Chuck Norris da piccolo cadde nel pentolone della pozione magica. Non successe nulla.

858. Chuck Norris ha vinto la lotteria con un biglietto del tram.

859. Quando Chuck Norris regola l'orologio, il Sole si sposta in base a come Chuck Norris ha posizionato le lancette.

860. Quando Chuck Norris si toglie la muta da sub esce fuori con la solita camicia a quadri, il cappello da texano, il pick-up, una strada sterrata e cinque cattivi da inseguire.

861. Se una principessa bacia un rospo, il rospo si trasforma in un principe. Se una principessa bacia un principe, il principe si trasforma in Chuck Norris.

862. Chuck Norris può leccarsi la punta del gomito. Indossando una camicia di forza.

863. Dopo aver conquistato il mondo con una dura battaglia, Chuck Norris l'ha messo in bacheca assieme agli altri trofei.

864. Chuck Norris può fare palloni di fumo masticando tabacco.

865. Chuck Norris è nato il 10 marzo 1940 e ha esalato l'ultimo respiro il 6 aprile 2001. La notizia è stata confermata dallo stesso Chuck Norris, che ha anche dichiarato che se vuole smettere di fare qualcosa, come respirare, lo fa e basta.

866. Facendo una fumata bianca con il suo pick up, Chuck Norris ha inavvertitamente eletto il nuovo papa.

867. Chuck Norris è cosi veloce che riesce a chiudere a chiave un cassetto con la chiave dentro.

868. Chuck Norris riesce a far cadere un albero semplicemente facendogli lo sgambetto.

869. Chuck Norris può mangiare un tubo di Pringles partendo dal fondo.

870. Se Chuck Norris termina le munizioni nel corso di un conflitto a fuoco, si getta in mezzo alla sparatoria e raccoglie nuove pallottole facendosi sparare addosso.

871. Quando Chuck Norris sanguina in mare aperto, gli squali bianchi accorrono con i cerotti.

872. Se Chuck Norris si dimentica il finestrino del suo pick-up aperto, può chiuderlo da fuori. Con la manovella.

873. Alcune persone riescono a far saltare molte volte i sassi sulla superficie dell'acqua. Chuck Norris è riuscito a tirare un sasso da Miami fino in Spagna senza fargli toccare l'acqua nemmeno una volta. E quel giorno pioveva.

874. Chuck Norris può doppiare i suoi avversari durante una maratona.

875. Chuck Norris, dopo aver staccato la coda a una lucertola, può far ricrescere la lucertola dalla coda.

876. Chuck Norris può fare un murale facendo un disegno nell'aria e poi costruendoci dietro un muro.

877. Chuck Norris ha invertito l'ordine degli addendi e il risultato è cambiato.

878. Chuck Norris può schioccare le dita con un dito solo.

879. Chuck Norris, andando a cinquanta all'ora col suo pick-up, può andare più veloce di una macchina che va a novanta.

880. Chuck Norris può vincere contemporaneamente una gara di lancio del peso e una di 100 metri piani. Prendendosi per un piede e scagliandosi oltre il traguardo.

881. L'ombra di Chuck Norris è talmente imponente che ha a sua volta l'ombra.

882. I giovani d'oggi comunicano scrivendo sms con abbreviazioni d'ogni genere per risparmiare spazio. Chuck Norris riesce a fare lo stesso semplicemente inviando sms vuoti.

883. Chuck Norris ha vinto i 110 metri ostacoli correndo con gli occhi bendati. Con due fondine colme di brodo sulle mani. In un sacco a pelo. Dormendo.

884. Chuck Norris può sapere l'ora guardando una meridiana. Di notte.

885. David Copperfield può far sparire la Statua della Libertà. Chuck Norris può far sparire la libertà.

886. Quando Chuck Norris è troppo stanco per camminare, può prendersi in braccio da solo.

887. Chuck Norris è così veloce che può fotografare la macchina fotografica con cui scatta la foto.

888. Un giorno Chuck Norris si è recato in edicola e ha chiesto « Il Sole 24 ore ». Da allora, non esiste più la notte.

889. I prestigiatori stupiscono le folle estraendo un coniglio dal cilindro. Chuck Norris ha un intero allevamento di bisonti all'interno del suo cappello da cow-boy.

890. Chuck Norris può tagliare un tonno con un grissino. Mentre ancora nuota. Dal tavolo di casa sua.

891. Aguzzando la vista verso l'orizzonte, Chuck Norris può vedere la sua nuca.

892. Un giorno Chuck Norris entrò in una trattoria. Fraintendendone il significato, ordinò un trattore. Glielo portarono. E lo mangiò.

893. Quando Chuck Norris entra in una stanza non accende la luce. Spegne il buio.

894. Chuck Norris può appallottolare l'acqua.

895. Un giorno hanno tentato di truffare Chuck Norris vendendogli un mattone al posto del videoregistratore. Da allora, quel mattone è installato a casa di Chuck Norris, sotto al televisore, e proietta film regolarmente.

896. Chuck Norris può completare cinque facce del cubo di Rubik, lasciando irrisolta la sesta.

897. Mentre sta guardando un film sul lettore dvd, Chuck Norris può cambiarne la sceneggiatura con uno scrittore dvd.

898. Per sciacquarsi la bocca Chuck Norris non usa il colluttorio. Ingoia una granata.

899. Chuck Norris può spremere una noce di cocco.

900. Chuck Norris può costruire una casa partendo dal tetto.

901. Ogni volta che Chuck Norris cade, le stelle esprimono un desiderio.

902. Chuck Norris può fare bungee jumping al contrario, spiccando il volo e raggiungendo quota 12.000 metri. Per non superare la stratosfera, si lega un elastico alla caviglia.

903. Quando Chuck Norris, vagando in cerca d'acqua nel deserto, si imbatte in un'oasi piena di modelle in bikini che sorseggiano birra gelata, le ragazze credono di avere un miraggio.

904. Una volta Chuck Norris è stato multato per eccesso di velocità. Stava andando a 190 chilometri all'ora. In salita. Trainando un tir. Con i denti.

905. Un giorno, Chuck Norris ha avuto uno scambio di vedute con Superman. Adesso può vedere attraverso i muri.

906. Chuck Norris può fumare una sigaretta spenta.

907. All'età di cinque anni Chuck Norris si è esibito in una spettacolare evoluzione acrobatica. A metà dell'esercizio, è diventato adulto.

908. Quando da ragazzo Chuck Norris scriveva goliardicamente «Scemo chi legge» sui muri, chi leggeva diventava scemo veramente.

909. Durante un concorso internazionale di cucina, Chuck Norris ha fatto le orecchiette alle coste. Non soltanto ha vinto il primo premio, ma ora tutte le spiagge del mondo ci sentono.

910. In spiaggia, i bambini costruiscono castelli di sabbia. Chuck Norris costruiva castelli d'acqua.

911. Chuck Norris può raggiungere l'orizzonte.

912. Chuck Norris può conquistare con gli eserciti del Risiko le vie del Monopoli.

913. Chuck Norris può palleggiare con una pallina da ping-pong. In un tornado.

914. La puntata pilota di *Walker Texas Ranger* ha vinto il mondiale di Formula 1. Due volte.

915. Chuck Norris è in grado di ipnotizzarti facendo oscillare un pendolino di fronte ai tuoi occhi. Il treno.

916. Alcune persone riescono a scassinare una serratura con una forcina per capelli. A Chuck Norris basta un po' di gel.

917. Quando Chuck Norris gira col pick-up, usa spesso il freno a mano. Nel senso che frena a mani nude sull'asfalto.

918. Chuck Norris può indicarsi l'indice della mano destra con l'indice della mano destra.

919. Chuck Norris può camminare su una fune tesa tra le sue stesse mani.

920. Una volta l'istruttore di nuoto di Chuck Norris gli ha chiesto di allenarsi nei 200 metri a farfalla. Chuck Norris è volato via.

921. Un abile pompiere è in grado di spegnere un incendio gettando acqua sul fuoco. Chuck Norris può asciugare un'inondazione dandole fuoco.

922. Recentemente un canadese è riuscito a saltare una fila di 120 barili con un'auto. Chuck Norris lo ha ridicolizzato saltando una fila di 240 auto con un barile.

923. Chuck Norris ha costruito uno scooter d'acqua. Usando soltanto dell'acqua.

924. Chuck Norris, per scalare un muro troppo alto, può fare scaletta sulle sue stesse mani.

925. Chuck Norris è in grado di ottenere ventiquattro copie di « Le Ore » colpendo con un calcio rotante il quotidiano « Il Giorno ».

926. A Londra girano bus a due piani. Il pick-up di Chuck Norris ha la tavernetta.

927. Quando Chuck Norris finisce i fazzoletti di carta, si soffia il naso con un mattone.

928. Chuck Norris può accorrere numeroso.

929. Nella versione non tagliata del film *Sunshine,* nel momento in cui la navicella Icarus 2 arriva tra mille difficoltà sul Sole, si intravede chiaramente la figura di Chuck Norris, intento ad abbrustolire delle bistecche sorseggiando una birra gelata.

930. Chuck Norris parla cinque lingue. Contemporaneamente.

931. Quando Chuck Norris segna di testa su calcio d'angolo, non si tratta di un intervento compiuto saltando in area di rigore: batte veramente i calci d'angolo con la testa.

932. Chuck Norris può fare un aeroplanino di carta con un foglio elettronico.

933. Un giorno, durante un Gioca Jouer di gruppo in un villaggio turistico, imitando il gesto « Superman », Chuck Norris è decollato.

934. Chuck Norris ha vinto la gara delle schiacciate prendendo la rincorsa con dei pezzi di cuoio in mano e cucendo il pallone durante il salto.

935. Quando Chuck Norris va in Inghilterra, tutti guidano a destra per non innervosirlo. Lui, per non mettere gli inglesi a disagio, guida il pick-up dal sedile del passeggero.

936. Quando Chuck Norris lascia in giro la sua bici senza legarla, al suo ritorno ne trova due.

937. Chuck Norris è nato con un parto cesareo. Dall'interno.

938. D'Annunzio si fece staccare due costole per praticare l'autoerotismo orale. Anche Chuck Norris se le è fatte togliere, ma dalle due costole sono nate due donne pronte a soddisfarlo.

939. Chuck Norris può sgommare in folle.

940. Chuck Norris può batterti al solitario.

941. Quando Chuck Norris dice: «Cuccia» al suo cane, immediatamente l'animale costruisce un palazzo per cani di quattro piani.

942. Chuck Norris può spegnere il fuoco gettandolo nell'acqua.

943. Chuck Norris ha stabilito il nuovo record di mondiale di salto in alto. Per ufficializzare il primato stanno tutt'ora aspettando che atterri.

944. Chuck Norris può vincere una gara di free climbing. In mezzo all'Oceano Atlantico.

945. C'è chi si vanta di conoscere la risposta a ogni domanda. Chuck Norris conosce la domanda a ogni risposta.

946. Chuck Norris ha provato ad affogare i suoi problemi nell'alcol ma non ci è riuscito. Perfino i problemi di Chuck Norris sono degli abili Texas Ranger, e sanno nuotare.

947. Chuck Norris può battere l'Uomo Invisibile a nascondino.

948. Da piccolo Chuck Norris, facendo un buchetto in terra con la paletta nel suo ranch in Texas, ha trovato un giacimento petrolifero. In Arabia Saudita.

949. A scuola gli amichetti di Chuck Norris costruivano aeroplanini di carta che volavano. Lui, per spirito di competizione, costruiva space shuttle di carta che andavano davvero nello spazio.

950. Gesù camminò sull'acqua. Chuck Norris può nuotare nella terra.

951. Quando Chuck Norris andava a scuola non esistevano ancora i telefonini con la videocamera. Chuck Norris, però, era in grado di girare filmati coi bigliettini.

952. Chuck Norris può battere un pesce in una gara di apnea.

953. Chuck Norris può bere tutta l'acqua di un rubinetto.

954. Un giorno Chuck Norris, mentre lavorava sul suo pc, ha premuto il tasto «Stampa schermo». Dalla stampante è fuoriuscito un monitor.

955. Quando Chuck Norris, da ragazzo, andava in sala giochi, i suoi amici riuscivano a mandare in tilt i flipper. Lui mandava in tilt i tavoli da biliardo.

956. Quando Chuck Norris deve fare uno scioglilingua, per prepararsi fa i gargarismi con l'acido solforico.

957. Gli scienziati stanno cercando l'acqua su Marte. Chuck Norris ha trovato l'acqua sul Sole.

958. Quando Chuck Norris alza il pollice per fare l'autostop, le automobili di tutto il mondo si bloccano all'istante.

959. Chuck Norris, nel suo luna-park privato, voleva le montagne russe più alte del mondo. Ci ha messo gli Urali.

960. Quando Chuck Norris ha caldo, non si tira su le maniche della camicia, si allunga le braccia.

961. Chuck Norris può seminare vento e raccogliere tempesta. Letteralmente. Chuck Norris possiede intere piantagioni di tempesta.

962. Chuck Norris può spegnere un incendio in casa gettando dalla finestra secchi di fiamme.

963. Dante Alighieri compì un lunghissimo viaggio nell'aldilà guidato da Virgilio. Chuck Norris ci è riuscito in dieci minuti con Google Maps.

964. Quando Chuck Norris sta facendo la predica a un bambino e usa il solito: « Sto parlando col muro? », immediatamente il muro risponde: « Sto ascoltando, ma se non devo smetto subito ».

965. Quando Chuck Norris si getta da un aereo, non è Chuck Norris che si aggrappa al paracadute, ma il paracadute che si aggrappa a Chuck Norris.

966. Seguendo il consiglio di due loschi tizi, Chuck Norris ha seminato una moneta per terra nella speranza che crescesse. Ora Chuck Norris è l'uomo più ricco del mondo.

967. Dopo aver assistito allo spettacolo di un fachiro che ingoiava una lama, Chuck Norris ha stupito tutti ingoiando un lama.

968. Nella sua carriera di allenatore di calcio, Chuck Norris ha fatto vincere la Coppa d'Africa al Togo. Il biscotto.

969. Quando Chuck Norris, con un martello in mano, chiede al *Mosè* di Michelangelo: «Perché non parli?», viene soddisfatto con dettagliatissime spiegazioni.

970. Quando Chuck Norris è stanco e ha la vista annebbiata può accendere le pupille fendinebbia.

971. Chuck Norris può dormire per otto ore in dieci minuti.

972. Il pick-up di Chuck Norris è così importante che, quando va in giro, per strada anziché i soliti pedoni ci sono re, regine e alfieri.

973. Chuck Norris può fare la verticale con le mani in tasca.

974. Un giorno Chuck Norris ha preso l'ascensore per andare al decimo piano, ma durante la salita ha continuato a premere nervosamente il tasto 0. Per non contraddirlo, l'ascensore lo ha portato al 1.000.000.000.000 piano. È sceso su Urano.

975. Chuck Norris è entrato in salumeria per chiedere della coppa. È uscito col Sacro Graal.

976. I Baci Perugina che mangia Chuck Norris hanno la lingua.

977. Una volta Chuck Norris ha fatto una gara con gli amici a chi toccava prima terra paracadutandosi da un aereo a 10.000 metri d'altezza. Ha vinto, azzardando l'apertura del paracadute soltanto durante la cena offerta al vincitore.

978. In un paesino del Texas è stata trovata una statuetta di Chuck Norris che piangeva birra. Gli esperti hanno prontamente dichiarato che si tratta di un falso: è ben noto che Chuck Norris non piange mai.

979. Chuck Norris può prevedere il futuro semplicemente perché lo decide lui.

980. Chuck Norris ha un udito così fine da poter ascoltare i messaggi di testo nel cellulare.

981. Chuck Norris non si perde mai in un bicchiere d'acqua, perché i bicchieri d'acqua di Chuck Norris hanno cartelli e passanti a cui chiedere informazioni.

982. Chuck Norris può fermare un uragano respirandolo.

983. Quando Chuck Norris spedisce una lettera all'antrace, l'antrace, lusingato, risponde tempestivamente.

984. Nel suo giardino Chuck Norris ha un albero di acqua salata su cui crescono frutti di mare.

985. Chuck Norris può fare bungee jumping con un fusillo scotto.

986. Chuck Norris può pilotare il jet-lag.

987. Chuck Norris può far morire di fame un elettrodomestico togliendogli l'alimentazione.

988. Chuck Norris può bersi una molotov. Accesa.

989. Nei negozi è finalmente uscito un cofanetto con la serie completa di *Walker Texas Ranger*. Contiene anche un dvd con le scene tagliate e tutti gli errori di Chuck Norris. Quel dvd è vuoto.

990. Chuck Norris può spostarsi dal Colosseo a piazza San Pietro semplicemente spostando il pallino «Voi siete qui» nella mappa sul pannello informativo.

991. Gli aeroplanini di carta costruiti da Chuck Norris possono trasportare 374 persone.

992. Chuck Norris mangia il miele succhiandolo direttamente dalle api.

993. Quando gioca a Risiko, Chuck Norris può conquistare anche gli oceani.

994. Harry Houdini riuscì a uscire da una cassa chiusa, incatenata dall'esterno e immersa nell'acqua. Sul finale, durante gli applausi, Chuck Norris uscì da Houdini.

995. Chuck Norris può masticare un limone senza chiudere gli occhi. Con gli occhi.

996. Chuck Norris può spegnere un incendio stringendolo tra due dita umide.

997. In alcuni tratti, sulle autostrade tedesche, la velocità massima è illimitata. Chuck Norris l'ha superata.

998. Quando Chuck Norris fa il gesto delle labbra con le mani, le sue mani parlano sul serio.

999. Una recente ricerca ha stabilito che un uomo nel corso della sua vita in media fa l'amore 4.239 volte, pronuncia 123 milioni di parole, consuma 120.000 litri di benzina, fa 104.390 sogni, sbatte le palpebre 415 milioni di volte, versa 77 litri di lacrime, mangia 10.800 carote, 5.272 mele, 4 mucche, 15 suini, 1.201 polli e 2.327 chili di patate, beve 5.000 litri di birra, 800 litri di vino e 74.802 tazze di tè. Chuck Norris può fare tutto questo in un minuto. Bendato e su un piede solo.

1000. A un semplice ordine di Chuck Norris, i fermenti lattici del suo yogurt sono tutti risorti.

RINGRAZIAMENTI

Abbiamo già ringraziato tutti nel primo libro. Chi mai potrà restarci?

Dai che qualcuno lo troviamo.

Su tutti, Fabio Alisei e i ragazzi dello Zoo di 105, che continuano imperterriti a tramandare di generazione in generazione le gesta di Chuck Norris. Se l'Italia ha sorpassato tutti ed è ormai la vera patria dei fact, è anche merito vostro. Però Leone di Lernia non lo ringraziamo. Sappiamo che capirete. Inoltre, anche se sono già stati ringraziati abbondantemente nel precedente volume, non possiamo non dedicare un pensiero alle centinaia di *facters* che ogni giorno ci mandano i loro contributi in welovechucknorris.it. Questo libro non sarebbe mai potuto esistere senza di voi.

Poi, in ordine sparso: Anna e Cecilia, perchè ancora sopportano questa nostra malattia, Stefano e Elena della TEA, la Ghost records, iFighi, Lillino, Gobbacci, gli anonimi del blog di Dietnam che ci fanno tanto divertire, tutti quei commessi che quando chiedevi loro *I fermenti lattici dello yogurt di Chuck Norris sono tutti morti* ti guardavano con un'aria a metà tra lo stupore e la compassione, Laura Cuppini, Carlo Pastore, Michael Emerson di *Lost*, Scarlett Johansson, Zlatan Ibrahimovic, Fabio Caressa, Barto, il Chri, il Mitch, il Vito, il Duccio, Sandor, tutti coloro che ci hanno segnalato che la frase di *Blade Runner* presente nel primo volume non era pronunciata da Deckard ma da Batty e, ancora una volta, Chuck Norris.

INDICE

Date sfogo al *facter* che c'è in voi

Finito di stampare
nel mese di maggio 2008
per conto della TEA S.p.A.
da Grafica Veneta S.p.A. di Trebaseleghe (PD)
Printed in Italy